La inconfundible cicatriz de mi deseo

Primera edición: febrero de 2026

info@preguntaediciones.com
www.preguntaediciones.com

Ilustración de cubierta: Raquel Marín
ISBN: 978-84-19766-89-2
Depósito legal: Z-115-2026

Printed in Spain. Impreso en España por Estilo Estugraf Impresores

En el poema titulado «Puesta de sol II», del libro *Historias reales*, Margaret Atwood escribe los siguientes versos: «Te amaré siempre, / pero no puedo parar el tiempo. // Estás en algún lugar de mi piel, / en forma de arena». El tiempo, en su irremediable devenir, va poco a poco deshaciendo la vida, empujándola de aquí para allá hacia la muerte. Ante su ley inquebrantable, las palabras pierden peso, pierden significado, nos dicen estos versos. Qué significa «siempre» si la muerte acecha, si la vida no puede concebirse sin la idea de final.

Claro que Quevedo ya nos había enseñado siglos atrás la manera de vulnerar esa ley inquebrantable en su soneto «Amor constante, más allá de la muerte». La llama del amor, nos dice, es capaz, porque recuerda el camino de regreso, de cruzar las mitológicas aguas del olvido saltándose así la propia naturaleza «fría» de la muerte: «nadar sabe mi llama la agua fría, / y perder el respeto a ley severa», es decir, que el amor y la pasión son capaces de combatir la muerte y de perdurar en el otro, de conservar el «sentido» a pesar de haberse transformado en cenizas, como concluye el soneto en sus versos finales: «serán ceniza, mas tendrá sentido; / polvo serán, mas polvo enamorado».

En uno de los poemas que el lector podrá disfrutar de entre los que recogemos en esta antología, Begoña Abad escribe: «Ojalá no olvides el camino / que siempre unirá nuestras voces extremas». *La inconfundible cicatriz de mi deseo* se sustenta en esa relación entre el amor y la memoria como forma de sortear el viento helado de la rutina y la costumbre, pero también como un lenguaje que necesita ser escrito y ser leído. Los cuerpos se recorren, se descifran, se conjugan, se interpretan continuamente a partir de una retórica erótica que se configura como manera de estar en el mundo, como forma de apertura, como aprendizaje y como regalo. No hay sujeto poético sin amor, sin entrega. El yo poético se construye gracias al interlocutor, y viceversa, a decirse entre los dos, a nombrarse, de ahí que la voz lírica pueda llegar a decir que «Preñada me tienes de palabras».

La inconfundible cicatriz de mi deseo es una pequeña muestra de la poesía amorosa de Begoña Abad. Quienes queden prendados de su escritura podrán sumergirse en la obra de la poeta para seguir extrayendo tesoros, observar el azul de las pasiones, contemplar el mundo desde las ramas del espino blanco. Para aprender a nacer, para lanzarse a volar, para el amor y la vida.

José María García Linares
Melilla, 25 de agosto de 2025

Una antología

Me he alistado en el ejército
que te libere de ti mismo,
que asalte tus miedos
y que asedie tus murallas
hasta que el hambre y la sed
te obliguen a buscarme
dentro de ti,
donde siempre he permanecido a salvo,
aunque tú no lo sepas.

Ojalá no olvides el camino
que siempre unirá nuestras voces extremas.
Ojalá construyas ciudades de papel
donde permanecer sin tiempo.
Tú, comprador de mis puertas,
dueño de todo cuanto cabía
tras ellas, que habitas ahora en mí
como el liquen, embelleciendo
incluso las lápidas sin nombre,
como la más preciosa piedra
en medio de una caverna solitaria.
Ojalá seas el verbo hecho hombre
que habita entre nosotros,
para poder creer aún en algún dios
que me redima del pecado de amarte.

¿Y si el día no fuera
un perro mojado de rocío?
Pudiera ser un perro
tumbado tripa arriba
en la solana de tu sonrisa
o tal vez lamiéndote los ojos.
Me gusta que el día
se adentre en mí
como tu voluntad se abre paso
entre mis pechos
y ancla, después,
como un barco sin rumbo,
entre mis muslos
que se abren como una ensenada
en medio de la mayor tormenta
que nos habita hoy.

Me preñaste de palabras,
ojalá los hijos que nazcan
tengan tus ojos, tu mirada.
El abultado vientre se parece
a un globo terráqueo
en el que habitarán
los poemas que tú me escribiste.
Continuo caminando,
he decidido seguirte,
me transformo en tu sombra,
una sombra de abultado vientre
querompa las leyes de la física.
He decidido que el hijo que nazca
compita sólo en el arte de amar
y le pondré tu nombre
y he decidido que inventaré un mundo,
un lugar con sol y agua,
donde reine el silencio,
dondepueda llevarte conmigo
sin que nadie nos mire.
Cuando nazca lo hará entre dos luces,
la tuya y la mía,
entre dos brazos,

entre líneas,
intercalado,
entre besos
y versos.
Preñada de palabras me tienes.

No iré detrás,
no podrás detenerme,
no sujetaré tu paso
y no frenaré el mío.
No preguntaré hasta cuándo
y no te daré mi hora de llegada.
No diré para siempre
y borraré nunca del calendario.
No seré tu agua en el desierto
porque no quiero ser desierto, ni agua.
No te pertenezco,
ni soy capaz de ser tu dueña.
Únicamente te amo
¿tienes aún alguna duda?

Cada gesto de mi cuerpo,
cada respiración,
cada mirada y cada paso,
son un acto de amor
sólo porque nacen
en la conciencia de serlo.
No importa mucho si se ven como tal.
No importa siquiera si se ven.
Cuando estoy amando, yo lo sé,
la tierra entera me responde
y tú, a distancia, lo respiras
y cuando exhalas el aire
ya no es lo mismo,
vuelve a mí y ya no es lo mismo...

No me quieras poner la brida,
quiéreme libre,
porque me apresan sólo tus ojos
y me encadena sólo mi voluntad de amarte.
No me busques entre tus cosas,
búscame entre tus brazos
donde permanezco eternamente tuya,
sin ser de nadie.

Templar al punto los espárragos,
desalar perfectamente el bacalao,
hervir la leche con los granos de arroz
y darle el punto exacto a la crema de calabacín.
Estrenar las sábanas de círculos verdes,
comprar un caleidoscopio,
preparar los libros de poemas,
perfumarme suavemente,
probarme un sujetador,
elegir la música,
poner toallas limpias,
ensayar los latidos,
comprobar las llamadas
del móvil que no suena,
mirar el reloj otra vez más.
Templar al punto los deseos,
desalar perfectamente la impaciencia,
hervir la esperanza con los granos de fe
y darle el punto exacto a la crema de amor.
Cualquier día de estos
confundo las recetas
con las que preparo una cita contigo.

¿Te he dicho, mi amor,
que tú no eres de este mundo?
Es en el otro,
donde la puerta no tiene puerta
y la luz se traslada
y traspasa los cuerpos,
donde te fui a buscar
sin saber siquiera que existías,
sólo porque dejé
que todas las cosas fueran una
y yo en ellas.

No siento traiciones,
siento alas.
No siento deseo,
siento aliento.
No siento pecado,
siento vida.
No siento quererte,
sentiré no haberte querido más
cuando te hayas ido.

Lo eterno se ha instalado entre nosotros.
No vendrá el tiempo a barrer
la única vez que nos adentramos
en la luz que nos habita,
porque esa eternidad se hizo entonces,
precisamente entonces,
y nos habitó para siempre.
Ya sabía, la mano que dirige,
que habíamos de encontrarnos
en el lugar y la hora
que estaban bien trazados.
Nosotros no, no sabíamos nada,
como no sabemos ahora
cuánta eternidad nos cabe en los ojos.

Empapada de amor,
ebria de gozo,
asaltó la calle, la vida,
eso que llaman futuro,
y sentada a su borde,
como quien contempla el mar,
la puesta de sol en el desierto
o el amanecer entre las hayas,
descubrió que aún era capaz
de abrazar con firmeza
ahora que se aplanaba su pecho
y se descolgaba, plácida,
la piel de su contorno.
Cerró los ojos y recordó el beso,
hizo comparaciones
y eligió el que había aprendido
a última hora de la noche,
aquella noche tan corta,
tan provocativamente corta.
Abrió su bolso, sacó el espejo
y se saludó ahora,
empapada de amor,
ebria de gozo,

con una sonrisa hermosa, profunda.
Tenía cientos de años
y de sueños, de deseos y
de razones para asaltar la vida.

Musarañas azules

Siéntate en mis adentros
no te quedes aguardando
mirando desde fuera,
intentando averiguar lo que se esconde.
Hace tiempo quité las puertas,
abrí las ventanas hacia fuera
como brazos que esperan,
que llaman y esperan.
Compuse música con la risa
y planté, en los rincones,
musarañas azules
para poder perderme
donde no me dejaron hacerlo
de muchacha.
Pensé en ti.
te pensé con vestidos diversos
y con desnudos iguales,
adiviné cómo olerías
y me salió un perfume
que era desconocido y ahora es mío.
Todo es mío, ahora que no poseo nada,
ahora que se puede entrar a mis adentros
porque no hay puertas ni ventanas
que lo impidan.

Alfarera de ti
aprendí a rezar al conocer tu nombre
y cambié el padre nuestro
porque fuiste el pan de cada día
por el que clamé a los cielos.
Y fuiste el aliento de Dios
que me infundía la vida
en un paraíso terrenal
que inventamos,
tú Adán y yo Eva
nuevamente.
Resolví que la creación
comenzara de nuevo
y moldeé tu cuerpo
bajo estrellas calladas
con mano, lengua y deseo
y fui Dios
al acabarte
y hacerte libre.

No me gusta, amor de madrugada,
que me quieran de cualquier manera.
Me gusta cuando me haces un poema
con la lengua recorriendo mi cuerpo,
cuando mides tus brazos con mis brazos
y la rima se te desbarata.
No te acostumbres a la rima, mira
que los endecasílabos se enredan,
por lo demás, prefiero que me beses,
prefiero que me leas un te quiero
escueto, envuelto en tus manos calientes,
recorriendo mi espalda adolescente
y que me mires mientras a los ojos.
No es académicamente correcto
que hagamos el amor en ascensores,
ni que libes en mis labios la saliva,
sin embargo me gustan estas cosas
poéticamente entrelazadas.
Te propongo que inventemos un verso
con estrofas de amores de verano,
puede que el pasado fuera un soneto
o puede ser que el hoy no haya llegado.

Deposito un beso en el hueco de tu axila
y en el centro de la tierra
tiemblan las piedras del tiempo.
Por un momento se concentran
los glaciares, las simas, los espacios,
en ese brevísimo gesto,
en ese único sentido
que la vida tiene.
Apenas el soplo de mis labios,
apenas el roce de tu piel
y esa hondura graba,
por los siglos de los siglos,
una huella, un fósil,
que será hallado
por los que nos sucedan.

Me gusta hablar contigo
las cosas prohibidas,
buscar en los lugares
donde no se ha de entrar.
Me apetece decir
que estoy enamorada,
pensar en lo que cabe
debajo de un paraguas,
definir las palabras,
comérnoslas después
en los labios del otro.
Desayunar los besos
con trufas de café.
Levantarle la saya
al día de mañana
mientras hacemos novillos del ayer.
En la república del libre albedrío cabe todo:
un barullo de peces asustados
vientre abajo
y un zureo de palomas
en los dedos del pie.
Cabe un ático en el ahora,
la música inacabada,

los imperfectos del sub-contigo,
los poemas irregulares
y las azoteas sin horizonte.
Debajo de un paraguas
de un mayo cualquiera,
la vida me parece
una aventura al bies.

Mis pechos tienen ya la forma de tus manos
y, como un extraño fósil,
conservo entre mis piernas
tu última caricia inolvidable.
Me he convertido, sin saberlo,
en una masa candeal que modelada
tiene la forma de tu propio reverso.
Tengo la inconfundible cicatriz de tus labios
en el costado donde sueles besarme
y a la luz de la noche
el fósforo de tus huesos brilla en mi espalda,
igual que el sendero que ha trazado tu lengua,
desde mi ombligo hasta el infinito
donde solemos perdernos, para encontrar
salvajes caminos de regreso a la única razón
que siempre nos vuelve al paraíso
del que no deberíamos regresar jamás.

Si me quedara un día solamente
me sentaría a mirarte
y bordaría un silencio celeste
para que me encontraras después,
cuando me hubiera ido.
Repasaría minutos deshilados,
con agujeros de penas,
y haría ojales y presillas
para unir, para sujetar,
los recuerdos que tienden a escaparse
en cuanto les das suelta,
detrás de cualquier mariposa dorada.
Y si todavía me sobrara tiempo,
te haría un pucherito de estrellas estofadas,
un guiso de pensamientos,
y arrimadito a mi lumbre,
lo escucharía hervir
y mientras me inventaría un cuento
que empezara al revés:
Y fueron felices
y comieron perdices.

Si quieres acompañarme,
si quieres amarme,
si decides dormir conmigo,
has de saber
que nunca me encontrarás sola
habrás de compartirme,
mi soledad va conmigo a todas partes.

El amor no se explica, se aplica
como un vendaje a un ala rota
para que vuelva a volar.

No soy yo,
es lo que SOY
quien te ama.

Lo que hago en ti
lo que haces en mí,
es lo que quedará después
cuando no estemos.

Aprendiz de amar

«Hay muchas formas de amar...
algunas, ni siquiera están en los libros».
Mientras las busco todas,
pasa la vida.

Nunca podré perderte
porque nunca has sido mío,
por eso te encuentro
siempre que te necesito.

Estoy cocinando el AMOR a fuego lento.
Cada día enciendo la llamita
que lo haga borbotear y miro el hervor,
ensimismada.
No pienso en si vendrás, por fin,
a degustar lo que es tuyo,
me ocupo de que no se apague esa llama
que lo mantenga vivo.

A veces, me paro
justo cuando voy a escribirte.
Tengo la sensación
de que todo está ya dicho
y que añadir sería una torpeza.
A veces, me gustaría
saber escribir silencios fabulosos
que retumbaran
como si fueran los gritos
de la humanidad entera.
Por acercarme, por que me sintieras.

Podría haber nacido pez,
pero nací luz y aire,
ambas cosas
para acudir siempre a tu encuentro.

Vine a este mundo como aprendiz de amor,
todas mis desdichas suceden
cuando lo olvido
y me empeño en hacer algo más importante.

Bosquihembra

Llevo siempre conmigo un bosque a cuestas.
El olor de la umbría me hace hembra
y el musgo me crece
y se desborda en ríos de deseo.
Ese sonido que a veces te llega
es mi sonido de bosquihembra.
Un día, no muy lejano,
te llevaré a mi bosque
pondré raíces en tus pies
y, enredadera yo,
te creceré en las ramas
de espino blanco.

Trazar coordenadas.
Tocarte con la mano del corazón.
Llenarte la boca de silencios.
Abrir las puertas de los sin puertas.
Abrirme de pies a cabeza
y enseñarte en lo que me he convertido
después de que pasaran sobre mí,
como un trillo,
la vida, tú y las constelaciones de tus ojos.

Las que te amaron,
las que te aman,
se añaden a mis manos
cuando te toco en silencio
y las convoco, las nombro,
sin conocerlas,
porque con lo que yo te amo
no tengo suficiente
para incendiar distancias
entre tu piel y mi piel.

Nos mantuvimos en otra frecuencia
que no alcanzan los ojos mortales
y aprendimos el lenguaje morse:
dos latidos, pausa, el robo de un beso,
un baño en el mar de tu infancia, pausa.
Agradezco a la vida
que nunca fueras mío
para que nunca quisieras irte.

Ya no hablo de ti,
te guardo.
Sin embargo, saben las más altas esferas
que no hay día que no te nombre
cada vez que pronuncio palabras esenciales:
pan, agua, caricia, mano, risa,
beso, luciérnaga, niño, silencio…

Lo que más me gusta
es el temblor de tus manos
al sujetar los poemas
que vas a leer.
Es el mismo temblor
de tus ojos cuando me miras,
el mismo que reconozco
en tus manos
cuando me abres para leerme.

Sólo media hora entre una llegada
y una despedida.
No es mucho tiempo,
no vale la pena, dije.
Media hora para algunas mariposas
es media vida, contestó,
así que te espero.
El amor es a veces así de delicado.

A ti

A ti, que amas mis cicatrices,
que pasas por ellas el dedo de la ternura
y las pronuncias
como el arte de las catedrales,
gótico, románico, dices.
A ti, que ves mi oscuridad
y la nombras alba.
A ti, que me ves cuando más me desdibujo
y recoges los pedazos
de la quebrada porcelana que soy en ocasiones.
A ti, que te encuentro siempre,
cuando incendio las distancias
y humedezco desiertos
que los demás ven en mí.
Te pongo nombre.

El amor nunca es imposible

Entonces, como un soplo,
una hoja del árbol de los sueños
cayó a la piedra desnuda
y un temblor removió la tierra
hasta sepultarla para siempre.
El paso del tiempo,
como un sedimento oscuro y silencioso,
convirtió en milagro lo natural
y el leve peso de la hoja ausente
marcó el pedernal con su dentado borde
y aún perdura su forma original...
Hoy tu mano, una vez más,
ha quedado impresa en mi piel
y ha dejado su huella, un espacio vacío.
Cada vez que tu ternura me toca,
uno de mis órganos vitales
abandona para siempre su lugar
y yo me voy haciendo invisible.
Me pregunto cuántos espacios vacíos
me contienen
y cuántos me quedan por vivir.

«Aunque tú y yo nunca, tú y yo siempre...»

Qué grande mi amor
porque no te necesito y lo sé.
Porque no cambiaría nada por ti
ni quiero que tú cambies por nada.
Porque podría no volver a ver tus ojos
ni siquiera a saber nada más de ti.
Incluso podría borrarte la vida de mi memoria
(¡Dios no lo quiera!)
pero lo hecho, hecho está.
Qué suceso prodigioso amarte de esta manera
y que se abran los días sólo por eso.

Durante siete años y siete y siete
y siete más y más
fui bambú en ciernes.
Nadie, ni yo misma,
sabía que esa semilla estaba en mí.
Sólo tu tesón de seguir regándola
hizo que brotara firme y flexible.
En tu jardín el bambú florece
cuando la raíz ha encontrado su lugar.

Hay cosas que sólo a ti te he dicho.
Esa es mi forma de quererte.

Dadme un punto de apoyo
y moveré el mundo.
Y apareciste tú.

Poema del arroyo

Como mucho dejaría que me besaras
la comisura izquierda de mis labios,
ni un milímetro más.
Como mucho que tu mano derecha
rodeara mi cintura quieta,
que uno de tus dedos dibujara
el tatuaje que conoces, allí justo.
Como mucho permitiría a tus ojos
que me mirasen por fuera, hasta ahí
justo hasta donde nace el arroyo
en el que me convierto cuando te acercas.
Como mucho, como mucho, mucho,
dejaría que bebieras en él
cada noche un poquito,
un poquito,
cada noche.
¡Ay!

Si escribiera que detecto
el feldespato en tus dientes cuando te beso
alguien pensaría que estoy loca,
que soy una excéntrica.
Así es que me callo tantos prodigios
que suceden cuando nos acercamos
a cientos de kilómetros de distancia.
No te tardes, me dices...
Tanto es así que andan los científicos
haciéndose preguntas y yo callada.
Quien lo probó lo sabe.

Cicatrices

El tiempo de esperas siempre es largo.
La cita conmovedoramente íntima.
«Un día —me dijiste— nos enseñaremos
las cicatrices y tú escribirás un poema,
entonces, no antes».
Y comencé a dibujarme cicatrices
con formas sinuosas como las torrenteras,
con forma de dunas cálidas donde acomodarte
y como desfiladeros profundos,
otras como temblorosos gorriones.
Y fui imaginando las tuyas
llenas de historias florecidas.
Me he hecho experta en cicatrices,
he aprendido a leerlas,
ahora sólo espero que las tuyas y las mías
se reconozcan para poder empezarte un poema.

Entre Newton y tú

Tendría que volverme al vientre de mi madre
para evitar la ley de la gravedad que,
inevitablemente y hace tiempo ya,
me atrae hacia tu centro, arrolladoramente.
Te cuento todo esto, amor,
para justificarme,
y para que dejes de preguntarte
por qué te he elegido a ti
para hilar en el aire
un delicado poema con forma de nido.
Ahora ya lo sabes,
es la ley de la gravedad la culpable
de todo lo que nos ocurra
de ahora en adelante.
La física es así
y entre Newton y tú, me quedo contigo.

Después de amarte varias vidas,
pude mirarte a los ojos y así seguimos juntos.
Nunca despierto contigo y al acostarme
te imagino mirando alguna luna.
No cocino para ti, ni tú me cuentas
el plan del día siguiente.
Nunca hemos hecho la compra juntos,
ni hemos testado el uno para el otro.
Nunca celebramos aniversarios,
ni soplamos velas, ni marcamos las fechas
en el mismo calendario, pero estamos juntos.
A veces coinciden nuestras risas,
nuestros pensamientos, nuestro atajo
y algunos besos que, como niños,
robamos del árbol de la vida.
Estamos juntos.

Aquella noche me encerré contigo
y me corté los pechos
para que nadie más los tocara
si no iban a ser tus dedos de agua mansa.
Me pensabas, mientras yo hacía aquella
ceremonia de sanación y entrega,
desde otra habitación, estoy segura.
Ahora vuelve a mí aquel AMOR
que escribe recto en torcidos renglones
y se renuevan los besos de niños que hacen
temblar a la inocencia misma
y son a la vez la poderosa energía
que mueve los mundos
y a todos los hombres que en ellos habitan.
Como volver a nacer es esta noche
que vuelves hacia mí tu rostro
y me arropas bajo el espino blanco.
El pájaro que ya anida en mi pecho,
te pertenece.

Elegir al tacto lo que respiro.
Olvidar mucho del tiempo sin gracia
que me cerraba el pecho
y abría compuertas de dolor.
Salir del *almario* sin pedir permiso,
dejar de ser pez fuera del agua
y nadar montaña arriba, porque está de Dios
que cante sin voz y vea luz aún con mi ceguera.
Elegir al tacto el camino que me lleve a ti,
mejor aún, dejarme llevar como una perdida.

Ya nunca iré sola a ninguna parte,
nada de lo que descubra,
ni un solo segundo del resto de mi vida
será ya a solas, con esa soledad
que los hombres espantan y los poetas lloran.
Aún habrá quien me siga creyendo sola
cuando me vean caminar lenta,
cuando vuelvo a casa pensativa,
cuando viajo ligera de equipaje.
No saben nada, no escuchan nada,
es su soledad la que no les deja ver
cómo vivo ya rodeada de ti,
llena de ti, segura de ti,
desde aquel día que me soplaste en la cara
y me quitaste con tu saliva el barro de los ojos.

Es verdad que el tiempo ha volado,
como vuelan las pavesas tras el incendio,
que lo que permanece parece ceniza,
pero en ese vuelo fugaz
me fui yo y te llevé a ti, lo más amado.
Aún sigue el incendio vivo
iluminando las noches de dedos solitarios,
sin devastar, como arden los campos
para volver a ser fértiles mañana.

Tanteo tu rostro
como un bebé tantea el de su madre,
como un ciego el de su amada.
No tanto por aprenderlo
sino por el placer de descubrirlo
en cada mínimo gesto diario
que siempre cambia y le sorprende.
Lo tanteo sabiendo
de su misteriosa perfección
incluso cuando, dolorido, se contrae.
Lo tanteo en sus serenos valles
y las yemas de mis dedos
aprenden a agradecer ese disfrute
que nunca se agota.
Es tu rostro un territorio a descubrir,
un ciclo de vidas que se repiten,
yo siempre niña, tú eterno amante.

¿No es acaso esto una historia de amor?

Solo de ti puedo dar fe
porque sólo tú te atreviste a desnudarme.
Recuerdo que primero
me vaciaste de toda razón
poniendo alrededor incertidumbre
para que no olvidara buscar en tu mirada
el refugio constante.
Recuerdo cómo caminaste
siempre a mi paso,
silencioso cuando yo no te hablaba,
escuchando cuando todo eran dudas,
poniendo luz ante cada uno
de mis pasos vacilantes,
sin impacientarte cada vez que me perdía.
Recuerdo vagamente mi ceguera
y tu mano hablándome sobre la piel,
tu tacto delicado sobre mis párpados
tantas veces como fue preciso.
Recuerdo mis oídos tapiados
y tu susurro constante.
Recuerdo mi dolor más profundo
cuando no era nadie en mitad de un todo,
hasta que brotaron tus brazos en mi espalda